Disney PIXAR

COCO

L'histoire du film

hachette
ENFANTS

Le père de Coco était musicien.
Un jour, il partit chanter dans le monde entier et ne rentra jamais. Sa femme Imelda déchira son visage sur la photo de famille et déclara :
« Plus de musique chez les Rivera ! »
Les années ont passé. L'arrière-petit-fils de Coco, Miguel, a un secret : il joue de la guitare en cachette. Et il admire le plus célèbre chanteur de la ville, Ernesto de la Cruz.

ERNESTO
BEST OF DE LA CRUZ
DELACRUZ
de la Cruz

La veille du jour des Ancêtres, la grand-mère de Miguel, Abuelita, lui demande de décorer l'*ofrenda*, l'autel de la maison.

« Grâce à ces photos de famille, les ancêtres peuvent franchir la frontière qui sépare le Monde des Ancêtres de celui des Vivants », dit-elle.

Hélas, Miguel laisse tomber un des cadres par terre !

Il ramasse la photo, et reconnaît son arrière-arrière-grand-père qui tient la même guitare que son chanteur préféré.

Aussitôt, Miguel rejoint sa famille :
« Le père de Mamá Coco était Ernesto de la Cruz ! s'écrie-t-il en leur montrant la photo. Moi aussi, je veux être musicien ! »
Furieuse, Abuelita lui casse sa guitare.

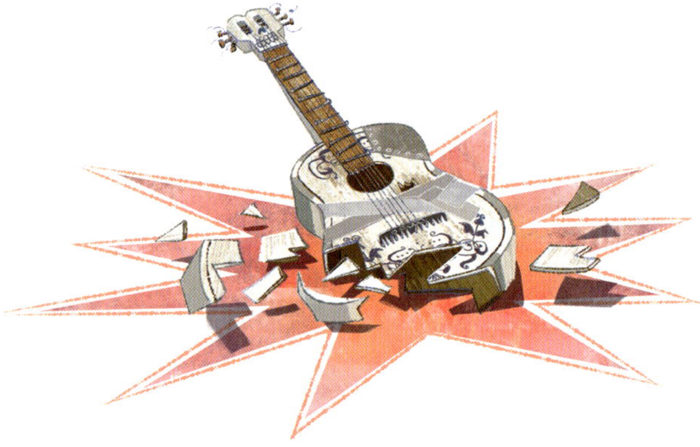

Miguel court vers le cimetière. Il entre dans le caveau de son ancêtre et attrape la guitare accrochée au mur.

Puis il commence à jouer.

Quelque chose de magique se passe :

Miguel se retrouve nez à nez avec des squelettes.

Ce sont ses ancêtres qui l'ont reconnu !

Accompagné par son chien Dante,
Miguel les suit.
Ils franchissent le pont qui relie
le Monde des Vivants à celui des Ancêtres.

Plus tard, il retrouve son ancêtre Imelda.
Il lui explique qu'il doit absolument rentrer
et remettre la photo en place.
« Pour cela, il te faut la bénédiction de la famille.
Je veux bien te la donner, mais tu dois promettre
de ne plus jamais jouer de musique. »
Miguel refuse. La musique, c'est sa vie !

Il se cache et il croise un drôle de squelette, Hector.
Ce dernier propose à Miguel de l'emmener voir Ernesto de la Cruz.
En échange, Miguel promet de placer à son retour une photo d'Hector sur l'*ofrenda*, l'autel de sa maison.
Hector aide Miguel à se maquiller en squelette.

Arrivés chez de la Cruz, Miguel s'empare d'une guitare et commence à jouer. Mais il trébuche et tombe dans la piscine. Son maquillage s'efface aussitôt ! De La Cruz se précipite pour l'aider.

« Je suis ton arrière-arrière-petit-fils », lui explique Miguel.
Soudain, Hector arrive et se dispute avec Ernesto.
Hector l'accuse de lui avoir volé ses chansons.
« Et quand j'ai voulu rentrer auprès de ma famille,
tu m'as empoisonné ! » dit-il encore.
Paniqué, de la Cruz ordonne à ses gardes
de faire disparaître Miguel et Hector.
« Je ne veux pas que les gens découvrent
ce que j'ai fait ! »

Miguel et Hector sont jetés au fond d'un puits !
« Ma fille m'oublie, murmure Hector en s'effaçant de plus en plus. Ma petite Coco… »
Miguel comprend enfin qui est Hector,
et lui tend la vieille photo d'Imelda :
« Nous sommes de la même famille !
En fait, c'est toi le père de Coco. Pas Ernesto. »

Tout à coup, Dante apparaît, aidé de Pepita,
un jaguar volant.
Ils délivrent Hector et Miguel de leur prison.
« Merci, Dante ! Tu nous as sauvés ! » s'écrie le garçon.
À ces mots, le chien se transforme en créature magique.
Miguel va ensuite raconter toute l'histoire à Imelda.

De retour chez Ernesto de la Cruz,
Imelda reprend la photo pour la donner à Miguel et lui permettre de rentrer chez lui.
Ernesto se précipite alors pour pousser Miguel dans le vide.
« Personne ne doit savoir que j'ai assassiné Hector et volé ses chansons ! » dit-il.

Mais Ernesto a oublié que les caméras le filmaient !
Tous ses invités ont vu la scène sur les écrans de sa tour !
Dante vole au secours de Miguel tandis qu'Ernesto est projeté au loin par Pepita.
Hector, épuisé, dit à son arrière-arrière-petit-fils :
« Tu as notre bénédiction, tu peux rentrer chez toi !
– Cette fois, on ne te demandera pas d'abandonner la musique », ajoute Imelda.

Miguel est de retour chez lui, avec la guitare d'Hector.
Il se précipite auprès de Coco et joue *Ne m'oublie pas*,
la chanson que son père avait écrite pour elle.
Maintenant, Miguel vit entouré de toute sa famille,
les vivants et les ancêtres.
Les Rivera sont réunis pour toujours, grâce à la musique.

JE LIS, JE JOUE

As-tu compris l'histoire ?

1. Quel jour spécial fête la famille de Miguel ?

a. Le jour des Rois
b. Le jour des Ancêtres
c. Le jour des Monstres

2. Qui est Coco ?

a. La sœur de Miguel
b. La meilleure amie de Miguel
c. L'arrière-grand-mère de Miguel

3. Dans le Monde des Ancêtres, Miguel se maquille en :

a. Squelette.
b. Singe.
c. Pirate.

Trouve l'image
qui correspond à chaque phrase.

1. Abuelita casse la guitare de Miguel. ---------------- ☐
2. Miguel se retrouve face à des squelettes. ---------------- ☐
3. Miguel et Hector sont prisonniers au fond d'un puits. ---------------- ☐
4. Miguel chante une chanson à Coco. ---------------- ☐

A

B

C

D

Sais-tu qui ?

Qui est passionné de musique ?	Dante et Pepita
Qui est le père de Coco ?	Ernesto
Qui délivre Hector et Miguel, jetés dans un puits ?	Miguel
Qui a volé les chansons d'Hector ?	Hector

Trouve le morceau « mystère ».

Tourne la page pour connaître les réponses. ▸

Réponses aux jeux

As-tu compris l'histoire ?

1b, 2c, 3a

Trouve l'image.

1C, 2A, 3D, 4B

Sais-tu qui ?

Qui est passionné de musique ? .... Miguel
Qui est le père de Coco ? .... Hector
Qui délivrent Hector et Miguel du puits ? .... Dante et Pepita
Qui a volé les chansons d'Hector ?.......................... Ernesto

Trouve le morceau « mystère ».

3

Suivi éditorial : Studiobook
Conception graphique et mise en pages : Valérie Gibert et Philippe Sedletzki

58, rue Jean Bleuzen – CS 70007 – 92178 Vanves CEDEX
Dépôt légal : avril 2018 – Édition 01. ISBN : 978-2-01-702352-4
Achevé d'imprimer en Espagne par Industria Grafica Cayfosa en avril 2018.
Loi n° 49-956 du 16 juillet 1949 sur les publications destinées à la jeunesse.

PAPIER À BASE DE FIBRES CERTIFIÉES

hachette s'engage po
l'environnement en réduisant
l'empreinte carbone de ses livre
Celle de cet exemplaire est de :
250 g éq. CO_2
Rendez-vous sur
www.hachette-durable.fr